モギケンの英語シャワーBOX 実践版
茂木健一郎

朝日出版社

Contents

英語を「好き」になる！ _____ 4

僕がこれまで実践してきた、モギケン流の「英語勉強法」 _____ 8

「英語のシャワーを浴びる」ことの意味 _____ 14

CDブックの構成と使い方 _____ 18

1. ピーターラビットのおはなし _____ 22
   The Tale of Peter Rabbit

2. フロプシーのこどもたち _____ 36
   The Tale of The Flopsy Bunnies

3. グロースターの仕立て屋 _____ 48
   The Tailor of Gloucester

4. 星の王子さま _____ 62
   The Little Prince

5. 不思議の国のアリス _____ 82
   Alice's Adventures in Wonderland

6. 赤毛のアン _____ 100
   Anne of Green Gables

Column
ビートルズの音楽を通して、"野生の"英語を味わう _____ 80

INTRODUCTION

英語を「好き」になる!

極上の料理のような、"美味しい"英語

皆さんは、毎日美味しくない料理ばかりを食べさせられて、それでも食事の時間を楽しみにできますか? おそらくは苦痛に感じることでしょう。英語もそれと同じです。

"This is a pen."

"Miss Green teaches us English."

こんな無味乾燥な英語をひたすら勉強させられて、それでも英語を好きになれというのは土台無茶な話です。

世の中には、美味しい極上の料理のような英語がたくさん存在しています。けれどもそれらはたいてい教科書やテキスト、参考書には載っていません。そして残念ながら、英会話の授業の中でも出会えることはほとんどありません。

では、僕たちが触れるべき"美味しい"英語は一体どこにあるのでしょう。

それは日本人が日本人のために考えた「お勉強」のための英語ではなく、ネイティブが自分たちのために手加減なく本気で取り

組んだ英語にこそ溢れているのです。それは古典の名作の中に、聴衆の心を揺さぶったアメリカ大統領の名スピーチの中にこそあります。本書には僕が厳選した、極上の料理のような"美味しい"英語を集めました。

「英語ができない」の嘘

　そもそも僕たちは「オギャア！」と生まれてこの方、どうやって日本語を習得してきたのでしょう。父親や母親の会話を聞き、その言葉を真似することで少しずつ身につけてきたのではないでしょうか。

　絵本を読み聞かせてもらい、年齢が上がるにしたがい自分で本を読み、作文、日記、レポートを書き……。そのようにして日本語に習熟してきたはずです。間違っても「これはエンピツです」という構文の勉強からスタートしたわけではありません。

　ならば、それを英語にも適用すればいいだけの話です。

　「私は英語ができません」と言う人には、「では、あなたはこれまで、どのくらい英語に接してきましたか」と僕は聞くようにしています。もちろん日本語に接してきたのと同じ時間を、英語に費やすことは難しいかもしれませんが、とにかくたくさんの英語に触れることが大事なのです。

しかし、いくら1000時間英語に触れたとしても、それが苦痛な時間であれば意味はありません。なぜなら、脳は自分が「楽しい！」と思えることしか記憶に定着させないからです。あくまで自発的であること、そして、それが楽しい作業であることが必要条件です。義務感で嫌々やることに対して、脳は拒絶反応を示すのです。

脳を"楽しませる"ことが、上達の近道

　脳科学の分野で現在もっとも重要とされている考え方に、「強化学習」という学習理論があります。簡単に言うと、脳が嬉しいと思ったとき、その直前におこなった行動が強化されるというものです。

　例えば、見たことのない木の実をはじめて口にしたときに、それが美味しければ、次にその木の実を見つけたときも「食べたい！」という欲求が強化されて、行動につながります。けれどももしまずかったら、当然その行動の評価は下げられるので、次にその木の実を見ても食べようとはしないでしょう。

　英語も同じです。英語に接する機会が楽しいものであれば、英語学習の行動は強化されます。しかし、もし苦痛でしかなかったなら、当然ながら脳は「英語勉強＝楽しくないもの」と処理して、

次に英語に接する機会が訪れても、拒否反応を起こして積極的に覚えようとはしなくなります。

この脳の性質を利用して「勉強＝苦痛で大変なもの」から、「勉強＝楽しいもの」へ。英単語の単なる暗記や試験対策の勉強が、苦痛であることは当然です。ならば、もっと楽しい勉強法に変えればいいだけのことです。

言葉を覚えて小説を楽しみながら読む。これは、とくに外国語を習得する上でもっとも意味を持つ、明確な到達目標になります。このCDブックを手掛かりに、脳が「楽しい！」と思う瞬間をたくさん創りだしてください。

まとめ

❶ とにかくたくさんの英語に触れる

❷「お勉強」の英語ではなく、"美味しい"英語を読む

❸ 脳が「楽しい！」と思える小説を読む

INTRODUCTION

僕がこれまで実践してきた、モギケン流の「英語勉強法」

"生の"英語をたくさん読む

　僕が英語を始めたのは、皆さんと同じ中学一年生の授業からです。スロースターターですし、子供時代に海外に行った経験もありません。それでもすぐに英語は好きになり、得意な科目になりました。

　大学から大学院、研究職に進んだ後は、文献や論文を読むのも、学会で発表するのも基本的にすべて英語。ケンブリッジに二年間研究滞在したときも、当然ながらすべて英語でしたが、とくに不便を感じたことはありません。

　そんな僕の英語勉強法は極めてシンプルなものです。

　それは、「良質な英語の本をたくさん読む」こと。これに尽きます。もちろん、最低限の単語や文法は知っておく必要はありますが、そこから先はひたすら読むことが大事だと思います。

　英語を大量に読むことで、「単語と単語の自然な連なり」を無意識に脳に定着させることになります。このことが英語を身につけ

る上で不可欠なのです。

　英語に限らずどのような言語でも、単語と単語の間には辞書を引いただけでは把握することのできない複雑なネットワークがあります。この単語とこの単語は相性がよいけれど、この単語とは相性はよくないとか、これとこれは似たような意味だけれど、このような文脈ではこちらの単語を使う方が自然である、といったように、辞書を頼りにするだけではどうしても説明することができない関係性があるのです。

　こうした単語間の微妙な関係性は、辞書を引くだけでは到底把握できるものではありません。なるべく多くの"生の"英語に触れることで、そのような感覚を養っていくのが一番なのです。

英語の扉を開いてくれた、『赤毛のアン』

　音楽評論家の吉田秀和さんとお話しする機会があったときに、こんな話を聞きました。

　昔、吉田さんが高校でドイツ語を習い始めたときのことです。ドイツ語のA、B、Cを習った翌日には、もう授業でニーチェのショーペンハウエル論を読んでいたというのです。吉田さんは「昔は野蛮な時代だったんです」とおっしゃっていました。僕はその「野蛮」な感じはすごく大切だと思っています。

そもそも、僕の英語学習も「野蛮」だったのです。

僕が初めて本格的に英語の作品を読んだのは、『赤毛のアン』シリーズから。小学生のときに日本語訳を全巻読破してファンになっていた僕は、高校生になって今度は原書に挑戦しました。

子供向けに書かれているとはいえ、いきなり原書で読むのは相当きつかったことを覚えています。わからない単語が次々に出てきて、途中で何度もくじけそうになりました。それでも全体のあらすじを知っていたこともあり、根気強く読み続けたところ、二冊目を終えた頃からだったでしょうか、ふと楽しく読んでいる自分に気がついたのです。シリーズ全巻を終える頃には、英語力が飛躍的に向上している自分を発見しました。

その後は、『指輪物語』やシェイクスピア、ブロンテ姉妹の作品やエドガー・アラン・ポーなど、手当たり次第に読み進めていきました。

原書に挑戦するときのコツ

この体験を通して身に染みてわかったのは、小説を原書で読むときのコツです。

小説を原書で読む場合、筋立ての三十パーセントを理解していれば上出来だということを覚えていてください。読み始めてみて

百パーセントわからないからといって気落ちする必要は全くありません。

ルイス・キャロルの『鏡の国のアリス』の中で、僕のお気に入りのシーンがあります。アリスが相手の話を聞いて、「(何を言っているのか内容はわからないけれど) とにかく誰かが誰かを殺したってことだけはわかったわ」という場面です。原文で読む場合はこの精神で十分なのです。

わからない単語をいちいち辞書を引いていると、読む流れをさえぎってしまうので、できれば引かない方がいいのです。僕だって読む本の全てを百パーセント理解しているわけではありません。でも、極端な話「誰かが誰かを殺した」ことさえわかればいいのです。

お勧めの「トイレ勉強法」

もう一つ、英語作品を読んでいく上で、お勧めの勉強法をご紹介しましょう。それは、「黙読ではなく音読する」というものです。僕は今なお、もっともっと英語に慣れ親しみたい、その思いで毎日英語の勉強を続けています。その僕が実践しているのが、トイレでの勉強法。トイレの棚に英語の本を並べておいて、気になった本をパッと手にとって音読するという勉強法です。これは、で

きればひそひそ声ではなく大きな声で読んだ方がいい。だからこそ、密室である個室トイレが最適なのです。

そもそも原書を読む目的は、「単語の意味を覚える」ことではありません。音楽を例に考えてみればわかるでしょうが、美しい音楽を聞いて「これは素晴らしい音楽だ」と理解することと、実際に自分がそれを演奏できるかはまったく別の問題です。

「一石三鳥」の語学習得法

脳には「感覚性回路」と「運動性回路」があり、前者は情報の「インプット（入力）」をつかさどり、後者は蓄えた情報を「アウトプット（出力）」する役割を演じています。

音楽を理解することは、脳における「感覚性の回路」（インプット）が鍛えられての結果ですが、それを自分で実践することは、「運動性の回路」（アウトプット）が鍛えられなければなりません。つまり、語学も読んだり聞いたりして理解すること（インプット）と、自分で英語を話せるかどうか（アウトプット）は別問題で、それぞれ脳の中の異なる部分を鍛えなければならないのです。

僕たちが母国語である日本語を、苦もなく「読み、書き、話し、聞く」ことができるのは、この二つの回路が成長過程においてバランスよく鍛えられてきたからです。まだ意味もわからない頃か

ら、周囲の音をひろって語彙をインプットし、それを口に出してアウトプットしていく。

これぞ最高の語学の習得方法なのです。

もちろん、文字を目で追って読んでいくだけでも読解力（リーディング）は鍛えられます。しかし、同時に声に出して読んでいけば、会話力（スピーキング）も上達します。しかも、自分の口から発せられた音が耳から入ってくることで、聞き取り力（リスニング）の訓練にもなります。まさに一石三鳥の学習方法なのです。

まとめ

❶ 最初の一冊は、日本語で読んだことのある作品を選ぶ
❷ わからない単語が出てきても辞書は引かない
❸ くじけずに、最後まで根気よく読み続ける
❹ 大まかな流れと核心部分がわかればよい、とする
❺ 大きく声に出して、音読する

INTRODUCTION

「英語のシャワーを浴びる」ことの意味

エピソード記憶と意味記憶

「脳を楽しませることが、語学上達の近道」であることはすでに述べましたが、脳の記憶のメカニズムから見た英語上達法ははっきりしています。英語に接する「エピソード」をどれくらい脳の側頭葉の記憶のアーカイブに蓄積できるかで、英語力の厚みは決まってきます。そのためには、当たり前のことのようですが、「英語のシャワーを浴びる」のが一番です。

日本語をどのように習得したか、思い出してください。

単語の意味を辞書で調べることなど例外で、「あたたかい」という言葉を何回も聞くうちに、自然にその意味がわかってきたはずです。これは脳の中に蓄えられた豊富な「エピソード記憶」から、それぞれの単語の「意味記憶」が自然に出来上がってきたということです。一つ一つの「意味記憶」を多くの「エピソード記憶」が支えているため、ネイティブは応用が利くのです。

このため、日本の英語教育のように中学で勉強する単語の範囲

はここまで、と最初から区切ってしまうのは、根本的に間違っています。言葉は「開かれたシステム」であり、どんな単語が飛び込んでくるか予測できません。それでも、過去の「エピソード記憶」の蓄積からその意味を類推することができるのが、本当の語学力です。

英語を「学ぶ」のではなく、その世界を生きる

英語はそもそも「学ぶ」ためのものではありません。英語に触れるということは、「その世界を生きる」ということです。日本語の世界のみに生きていたのでは、外の世界を知らないという意味において、鎖国時代とほとんど変わりありません。

日本には日本のマインドセット（mindset＝考え方や物の見方）がありますが、世界には全く異なるマインドセットが存在しています。そのことを知ることが、英語習得の究極の目的の一つではないでしょうか。イギリスやアメリカなど英語圏のマインドセットが正しいと言っているわけではありませんが、これだけ世界を網羅している言語の世界を共有できないと、経済的にも文化的にも限りなく不利なことは確かです。

日本人としての誇りを失わず、世界に伍していくためにはどうしたらよいか。話が少々大きくなりましたが、世界の多くの第一

線のビジネスパーソンが英語を身につけようとしているのは、彼らがそれをわかっているからではないでしょうか。

　英語によって積み上げられてきた文化、豊かな感受性、深い洞察力を、本書に収めた作品でぜひ味わってください。我々が、現代という時代を生き延びる（survive）ためには、まさにこうした「野生の英語」を身につけられるかどうかにかかっています。

　このCDブックに収められている英文テキストは、そのほとんどが、僕が青春時代に手にしたものばかりです。今読み返しても、ページをめくるたびにワクワクしていたあの頃の感動がよみがえります。皆さんも最高に"美味しい"英語を味わい、シャワーのように浴びて、その世界に浸る楽しみを味わってください。

音楽で「やる気」スイッチをオン

　このCDブックには、それぞれのSTEPごとにCD1からCD3に収録したネイティブによる作品の朗読に加え、僕の好きな、ヨハン・ゼバスティアン・バッハの「ゴルトベルク変奏曲」を加えました。演奏は熊本マリさんによるものです。

　なぜ英語の本に音楽なのか。脳の中では一千億のニューロンの間で、常に神経伝達物質がやりとりされています。その状態は、さまざまなリズムが絶え間なく発生しているようなもので、脳内現

象とは、ニューロンとシナプスの合奏とも言えるのです。

　好きな音楽を聴くと、脳内リズムが揺り起こされ、脳が自発的な動きを生み出します。好きな音楽のシャワーを浴びることで、脳が喜びを感じて「やる気」のスイッチが入るのです。

　僕は気分転換をしたいときには「ゴルトベルク変奏曲」を聴きます。ゴルトベルク変奏曲は三十の変奏曲の後、冒頭のアリアが最後に再び現れます。僕はとくに、その三十番目の変奏からアリアへ還る瞬間が好きなのですが、今回その二曲をCD3の最後に収めました。僕の大好きな変奏曲のほんの一部ですが、英語を味わう合間に楽しんでくだされば嬉しく思います。

まとめ

❶「エピソード記憶」を増やせば応用が利く

❷ 英語を「学ぶ」のではなく、英語のマインドを知る

❸ 好きな音楽を聴けば「やる気」スイッチが入る

CDブックの構成と使い方

3STEPで段階的にレベルアップ

　このCDブックは、次の3つのステップで段階的にレベルアップできるように構成してあります。

STEP1 HOP

　ピーターラビット・シリーズや『星の王子さま』など、絵本や子供向けの作品から、大人でも十分に楽しめる『赤毛のアン』といった作品が収録されています。子供向けであっても一口に簡単とは言えませんが、ネイティブが子供の頃に読んできた作品に触れることで、まずは英語シャワーに慣れてください。

STEP2 STEP

　大人向けの英語から、比較的読みやすいものをセレクトしました。僕が学生時代にテキストとして使った『Background to Britain』やオバマ大統領の演説、オー・ヘンリーの短編などが収録されています。中学英語を勉強した人であれば、それほど難しくない作品ばかりだと思います。英語シャワーの「流れ」を感じられるように読んでみてください。

STEP3 JUMP

『老人と海』や『風と共に去りぬ』など、ネイティブの大人が読む小説なので、少々手強いかもしれませんが、どれも僕が読んで感動した名作ばかりです。和訳で読んだことのある作品からチャレンジすれば、多少わからないところがあっても、英語の"美味しさ"を味わえるのではないかと思います。

作品の難易度

それぞれの作品の最初のページに、難易度を星のマークで示してあります。星の数が多いほど、英語のレベルが高くなりますが、必ずしもSTEP1が星一つとは限りません。読むときの目安にしてください。

- 難易度 ★☆☆　比較的簡単
- 難易度 ★★☆　それほど難しくない
- 難易度 ★★★　チャレンジしがいがあり

How to Use this CD Book

CDブックの構成と使い方

CDブックの使い方

　作品の「あらすじ」を読んだ後、鑑賞のヒントとなる日本語のエッセイを読みながら、対応する部分の Scene の原文にチャレンジしてください。

　まず最初は、赤い下敷きを重ねて、わからない単語があっても流れを止めずに、最後まで読んでください。次に、本を見ながら朗読CDを聞いた後、今度は自分で声に出して何度か読んでみます。そして最後に下敷きを取り、知りたい単語をチェックします。

❶ あらすじをチェックする
❷ エッセイを読みながら、原文にチャレンジする
❸ 朗読CDを聞く
❹ 声に出して読む
❺ わからない単語を確認する

1. The Tale of Peter Rabbit
2. The Tale of The Flopsy Bunnies
3. The Tailor of Gloucester
4. The Little Prince
5. Alice's Adventures in Wonderland
6. Anne of Green Gables

1 ピーターラビットのおはなし

難易度 ★☆☆

イギリスの田園を舞台に、動物たちが繰り広げる物語

原題	The Tale of Peter Rabbit
著者	Helen Beatrix Potter
発表	1902年

あらすじ：大きなもみの木の下に、お母さんと3人の妹たちと暮らす、やんちゃなピーター。「マグレガーさんの畑にだけは、行ってはいけませんよ」というお母さんの言いつけをやぶり、ある日、マグレガーさんの畑に忍び込む。案の定、マグレガーさんに見つかってしまい、追い回されるピーターは、上着も靴も脱ぎ捨てて必死に逃げる。

「絵本の宝石」と言われる大ベストセラー

　ピーターラビット・シリーズの作者、ビアトリクス・ポター（Beatrix Potter）は、イギリスのロンドン出身の絵本作家です。本シリーズは、のどかなイギリスの田園を舞台に、小動物たちが繰り広げるユーモラスな事件が、美しく彩られた水彩画によって描かれています。1902年に最初の絵本が出版されて以来、「絵本の宝石」「絵本の古典」とたたえられ、111カ国で1億5000万部を超

える大ベストセラーとなっています。

　ビアトリクス・ポターは、幼いころからウサギ、ハリネズミ、ネズミ、トカゲ、イモリ、カエル、コウモリ、ヒキガエルなど、さまざまな動物を飼っており、その姿や行動を観察していたおかげで、ピーターラビット・シリーズのキャラクターを細かなところまで創作することができたと言われています。

シビアな現実も描かれた童話

『ピーターラビットのおはなし』(The Tale of Peter Rabbit) は、ビアトリクスの最初の作品で、彼女が生んだキャラクターの中でもっとも人気のある、青い上着をはおった愛らしいうさぎ「ピーターラビット」が主人公の物語です。

ピーターはいたずらっ子の子うさぎで、マグレガーさんの畑の裏の森にお母さんと妹たちのフロプシー、モプシー、カトンテールと住んでいます。

ある朝、お母さんは子どもたちに「マグレガーさんの畑にだけは、行ってはいけませんよ」と言いつけて買いものに出かけます。

Scene1

この作品は童話ではありますが、いい人たちが出てきて、めでたし、めでたしという単純なものではありません。**Scene1** にもあるように、ピーターたちのお父さんはすでに亡くなっています。そこで、お母さんは、うさぎの毛の手袋を編んだり、煎じ薬や「うさぎたばこ」を売って生計をたてており、シビアな現実もきちんと描かれています。

ピーターは、お母さんの言いつけをやぶってマグレガーさんの畑に忍び込み、野菜を食べてしまいます。**Scene2**

ところがマグレガーさんに見つかってしまい、「泥棒！」と叫び

ながら追いまわされます。 **Scene3**

　ピーターは追われて逃げるときに、靴を落としてしまい、さらに大事な上着を脱ぎ捨ててきてしまいました。 **Scene4**

　マグレガーさんに追われながら、何度も危機的状況に直面する場面を読んでいると、こちらもハラハラさせられます。そして、ピーターが無事逃れて家に帰ることができるという結末にも満足させられます。 **Scene5**

ネイティブが子どものころ読んでいた作品にふれる

　ピーターラビット・シリーズを読んで一番に感じるのは、イギリスのカントリーサイド（田舎）の文化的な豊かさです。僕が初めてイギリスのカントリーサイドを訪れたときのことですが、人口が百人程度の小さな村でも都会に引けをとらないパブやレストラン、ホテルなどの施設がありました。その日は日曜日だったのですが、村にあるパブに入ると、自分の格好が恥ずかしくなるくらいきちんとした服装の若者たちが、静かにビールを飲んでいました。

　日本では田舎は都会より文化的水準が低いといったイメージで捉えられがちですが、イギリスではカントリーサイドの生活は都会の人の憧れとしてあります。このような田舎の豊かさはこのシ

リーズ独特の人間味あふれる温かさの一つの要素だと感じます。

　使われている英語はやさしく、英語の入門書としてはとても良い素材です。「日本人はなぜ英語が苦手なのか」を考えたとき、ネイティブの人が子どもの頃からたどってきた言語学習の道筋を通ってきていないからだと言えます。つまり、ネイティブが子ども時代に読んでいたもの、例えばピーターラビット・シリーズのようなものを読むことから始めることが、一番の英語上達法ではないでしょうか。

The Tale of Peter Rabbit

ピーターラビットのおはなし

Scene 1

"Now, my dears," said old Mrs. Rabbit one morning,
　　　　　いとしい子たち
"you may go into the fields or down the lane, but
　　　　　　　　　　　　野原　　　　　　　　　　小道
don't go into Mr. McGregor's garden."

　"Your Father had an accident there; he was put in
　　　　　　　　　　　　　　　事故　　　　　　　　　　　　　　パイに
a pie by Mrs. McGregor."
された

Scene2

Then old Mrs. Rabbit took a basket and her umbrella, and went through the wood to the baker's. She bought a loaf of brown bread and five currant buns.

Flopsy, Mopsy, and Cotton-tail, who were good little bunnies, went down the lane to gather blackberries;

But Peter, who was very naughty, ran straight away to Mr. McGregor's garden, and squeezed under the gate!

First he ate some lettuces and some French beans; and then he ate some radishes;

And then, feeling rather sick, he went to look for some parsley.

Scene3

But round the end of a cucumber frame, whom should
he meet but Mr. McGregor!

    Mr. McGregor was on his hands and knees planting
out young cabbages, but he jumped up and ran after
Peter, waving a rake and calling out, "Stop thief!"

Scene4

Peter was most dreadfully frightened; he rushed all over the garden, for he had forgotten the way back to the gate.

He lost one of his shoes among the cabbages, and the other shoe amongst the potatoes.

After losing them, he ran on four legs and went faster, so that I think he might have got away

altogether if he had not unfortunately run into a
gooseberry net, and got caught by the large buttons
on his jacket. It was a blue jacket with brass buttons,
quite new.

Peter gave himself up for lost, and shed big tears;
but his sobs were overheard by some friendly sparrows,
who flew to him in great excitement, and implored
him to exert himself.

Mr. McGregor came up with a sieve, which he intended to pop upon the top of Peter; but Peter wriggled out just in time, leaving his jacket behind him, and rushed into the tool-shed, and jumped into a can. It would have been a beautiful thing to hide in, if it had not had so much water in it.

Mr. McGregor was quite sure that Peter was

somewhere in the tool-shed, perhaps hidden underneath a flower-pot. He began to turn them over carefully, looking under each.

Presently Peter sneezed—"Kertyschoo!" Mr. McGregor was after him in no time, and tried to put his foot upon Peter, who jumped out of a window, upsetting three plants. The window was too small for Mr. McGregor, and he was tired of running after Peter. He went back to his work.

Scene5

Peter never stopped running or looked behind him till he got home to the big fir-tree.

2 フロプシーのこどもたち

難易度 ★☆☆

「ピーターラビットのおはなし」の続編、ピーターの妹一家の物語

原題 The Tale of The Flopsy Bunnies
著者 Helen Beatrix Potter
発表 1909年

あらすじ：フロプシーとベンジャミンの6匹の子うさぎたちは、ゴミ捨て場でレタスをお腹いっぱい食べて眠り込んでしまう。マグレガーさんは1匹残らず袋にとじこめてしまう。

ベンジャミンと6匹の子うさぎ

『フロプシーのこどもたち』(The Tale of The Flopsy Bunnies)には、大人になったピーターラビットとそのいとこのベンジャミンバニーの姿が描かれています。

ピーターの妹のフロプシーは、ベンジャミンと結婚して、6匹の元気な子うさぎを産みました。一家は子どもをたくさん抱えているため、暮らし向きは厳しく、たびたびピーターのところへキャベツを借りに行きます。それでもキャベツが手に入らないときには、ベンジャミンと子どもたちはマグレガーさんの畑のごみ捨

て場まで出かけていくのでした。

　ある日、マグレガーさんの畑で育ちすぎて捨てられていたレタスをお腹いっぱい食べた子どもたちは、暖かい陽射しの下で気持ちよくなり、眠ってしまいます。 Scene1

　ねずみのトマシナ・チュウチュウがやってきて、ベンジャミンと話をしていると、マグレガーさんが突然現れ、買ってきた芝をひと袋、眠っている子うさぎたちの上に空けたのです。

　ベンジャミンはすばやく身をひそめましたが、子うさぎたちはぐっすり眠り込んでいます。芝の間からのぞいている小さな耳に気づいたマグレガーさんは、子うさぎたちを袋に入れてそのくちをきっちり縛ってしまいました。 Scene2

袋のひもをほどくことができずベンジャミンは途方に暮れますが、トマシナ・チュウチュウが袋をかじって穴を開けてくれたおかげで、子どもたちは無事救出されます。そして、空になった袋の中に腐った野菜やなんかを詰め込んでおきました。

　袋の中身が入れ替わっていることに気づかないまま、マグレガーさんは袋を家に持ち帰ります。 Scene3

　マグレガーさんの奥さんが袋を開けると、そこには古い野菜などが……。奥さんもマグレガーさんも怒って野菜を投げ捨ててしまうのでした。

ときに残酷な物語について

　ピーターラビット・シリーズでは、たびたび動物たちの命が狙われたり、実際にうさぎのパイにされてしまったりと、ときには残酷な話が出てきます。残酷さは子どもの中にある本能のようなものですから、子どもに語る物語にはそうした側面がないと、逆にリアリティを感じてもらえないのです。残酷なシーンが多いのは、自分の中にある残酷な側面を、物語を通して意識化させることで、大人になったときに人間的な世界にうまく帰着できるように、と考えてのことかもしれません。

The Tale of The Flopsy Bunnies

フロプシーのこどもたち

Scene 1

Mr. McGregor's rubbish heap was a mixture. There were jam pots and paper bags, and mountains of chopped grass from the mowing machine (which always tasted oily), and some rotten vegetable marrows and an old boot or two. One day—oh joy!—there were a quantity of overgrown lettuces, which had "shot" into flower.

The Flopsy Bunnies simply stuffed lettuces. By degrees, one after another, they were overcome with slumber, and lay down in the mown grass.

Benjamin was not so much overcome as his children. Before going to sleep he was sufficiently wide awake to put a paper bag over his head to keep off the flies.

Scene2

Benjamin shrank down under his paper bag. The mouse hid in a jam pot.

The little rabbits smiled sweetly in their sleep under the shower of grass; they did not awake because the lettuces had been so soporific.

They dreamt that their mother Flopsy was tucking them up in a hay bed.

Mr. McGregor looked down after emptying his sack. He saw some funny little brown tips of ears sticking up through the lawn mowings. He stared at them for some time.

Presently a fly settled on one of them and it moved.

Mr. McGregor climbed down on to the rubbish heap—

"One, two, three, four! five! six leetle rabbits!" said he as he dropped them into his sack.

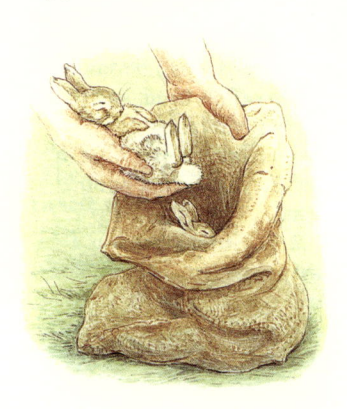

Scene3 CD1 8

Then they all hid under a bush and watched for Mr.
McGregor.

Mr. McGregor came back and picked up the sack, and carried it off.

He carried it hanging down, as if it were rather heavy.

The Flopsy Bunnies followed at a safe distance.

They watched him go into his house.

And then they crept up to the window to listen.

Mr. McGregor threw down the sack on the stone floor in a way that would have been extremely painful to the Flopsy Bunnies, if they had happened to have been inside it.

They could hear him drag his chair on the flags,

and chuckle—

"One, two, three, four, five, six leetle rabbits!" said Mr. McGregor.

"Eh? What's that? What have they been spoiling now?" enquired Mrs. McGregor.

"One, two, three, four, five, six leetle fat rabbits!" repeated Mr. McGregor, counting on his fingers— "one, two, three—"

"Don't you be silly; what do you mean, you silly old man?"

"In the sack! one, two, three, four, five, six!" replied Mr. McGregor.

(The youngest Flopsy Bunny got upon the window-sill.)

Mrs. McGregor took hold of the sack and felt it. She said she could feel six, but they must be *old* rabbits, because they were so hard and all different shapes.

"Not fit to eat; but the skins will do fine to line my old cloak."

"Line your old cloak?" shouted Mr. McGregor— "I shall sell them and buy myself baccy!"

"Rabbit tobacco! I shall skin them and cut off their heads."

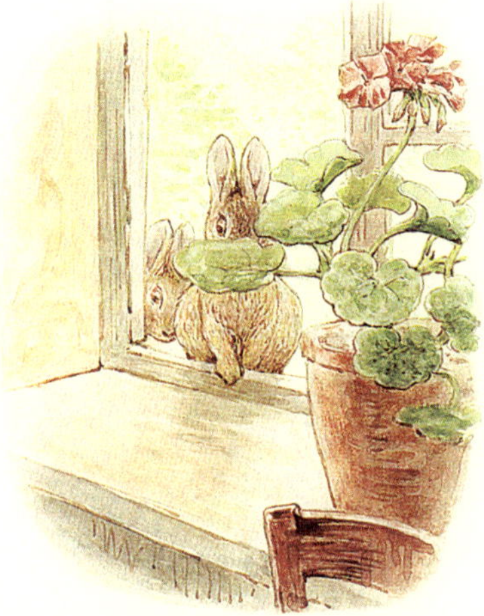

3 グロースターの仕立て屋

イギリス人特有のユーモアが
凝縮された作品

原題	The Tailor of Gloucester
著者	Helen Beatrix Potter
発表	1903年

あらすじ:グロースターの仕立て屋は、市長がクリスマスの婚礼に着る衣装の注文を受ける。衣装は完成していないのに、仕立て屋は3日間病気で寝込んでしまう。クリスマスの日、仕立て屋が仕事場に行くと…。

貧しい仕立て屋と猫とねずみたち

『グロースターの仕立て屋』(The Tailor of Gloucester)は、イギリスの都市グロースターの町に猫と暮らす年をとった仕立て屋の話です。仕立て屋はたいへん貧しく布を裁断するときも無駄なく行ったので、裁ち屑はとても小さく「これでは、何をつくるにも足りぬ。つくるとすれば、ねずみのチョッキくらいか」と言うほどでした。

クリスマスが近づいたある日、市長がクリスマスの婚礼のため

に着る上着の注文を受けます。仕立て屋は根をつめて働き、上着のために裁断した12枚の布とチョッキのための4枚の布、ポケットのふたとカフスにボタンを揃えて、あとはただ縫うばかりという状態で仕事台の上にのせて店を出ました。

　帰宅すると、家のきりもりをしている猫のシンプキンに最後の銀貨を渡し、食料とボタンホールをかがるための糸を買ってくるよう頼みます。

　朝から晩まで働きづめで疲れ果てた仕立て屋が暖炉の前に座っていると、食器棚の方から妙な音が聞こえてきました。 Scene1 不思議に思った仕立て屋がふせてあったティーカップを持ち上げると、元気なねずみが飛び出して、次々とはめ板の穴のなかに消えていきました。 Scene2

　こうして、猫のシンプキンが帰ってくるまでに、仕立て屋はシンプキンが捕まえて食器の下に閉じ込めておいたねずみを逃してしまいます。それを知ったシンプキンは怒って買ってきた糸を隠してしまいます。仕立て屋は、疲労とショックのあまり３日の間病気で寝込んでしまいました。

　クリスマス・イブの深夜、シンプキンが仕立て屋の店の前を通りかかると、誰もいないはずの店から明るい光がこぼれていました。店の中では、ねずみたちが仕立て屋の代りに上着を縫ってい

The Tailor of Gloucester

たのです。 Scene3 Scene4 Scene5

　シンプキンは、ねずみたちの行いを見て自分が糸を隠してしまったことを恥ずかしく思い、隠してあった糸を仕立て屋のベッドの上に置いたのでした。

　クリスマスの朝、仕立て屋は目を覚まし、糸を見て喜び、店に向かいます。 Scene6 Scene7

僕が一番好きな場面

　この作品は、グロースターの近くに住むビアトリクスのいとこから聞いた実話をもとにして作られたそうです。

　どんな話かというと、グロースターの仕立て屋が、土曜の朝、市長の縫いかけのチョッキをそのまま店において帰ったところ、月曜の朝にはそれがちゃんと仕上がっていて、仕立て屋は驚きます。チョッキはボタンホールが一つだけかがられていませんでした。そして、そこには「より糸が足りぬ」と書かれた紙切れがはさんであったそうです。実は、仕立て屋の弟子がこっそり仕上げておいたのですが、ビアトリクスはその話を小さなねずみが仕上げた話につくり変えました。

　イギリスのチルドレンブックスの文化には、子どもを大事な市民として育もうという気持ちが強く表れています。この『グロー

スターの仕立て屋』も、貧しくて働き者の仕立て屋が最後には報われるというストーリーを通して、子どもたちにある種のメッセージを伝えようとしているところがあります。

　僕がこの作品で一番好きなシーンは、市長の上着を仕上げたねずみたちが「より糸が足りぬ」というメモを残すところです。イギリス人特有のユーモアがこのシーンに凝縮されているように感じます。

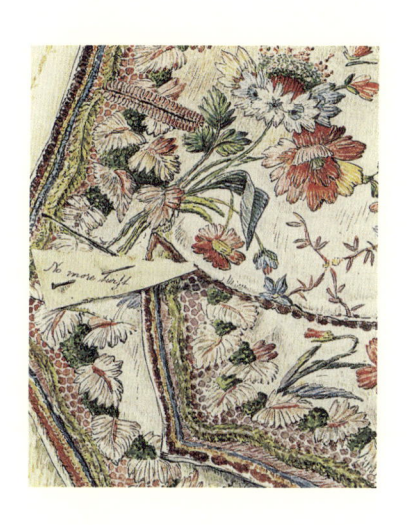

The Tailor of Gloucester

The Tailor of Gloucester

グロースターの仕立て屋

Scene 1

Then the tailor started; for suddenly, interrupting him, from the dresser at the other side of the kitchen came a number of little noises—

Tip tap, tip tap, tip tap tip!

"Now what can that be?" said the Tailor of Gloucester, jumping up from his chair. The dresser was covered with crockery and pipkins, willow pattern plates, and tea-cups and mugs.

The tailor crossed the kitchen, and stood quite still beside the dresser, listening, and peering through his spectacles. Again from under a tea-cup, came those funny little noises—

Tip tap, tip tap, tip tap tip!

"This is very peculiar," said the Tailor of Gloucester;

and he lifted up the tea-cup which was upside down.
　Out stepped a little live lady mouse, and made a curtsey to the tailor! Then she hopped away down off the dresser, and under the wainscot.

Scene2

But all at once, from the dresser, there came other little noises—

Tip tap, tip tap, tip tap tip!

"This is passing extraordinary!" said the Tailor of Gloucester, and turned over another tea-cup, which was upside down.

Out stepped a little gentleman mouse, and made a bow to the tailor!

And then from all over the dresser came a chorus of little tappings, all sounding together, and answering one another, like watch-beetles in an old worm-eaten window-shutter—

Tip tap, tip tap, tip tap tip!

And out from under tea-cups and from under bowls and basins, stepped other and more little mice, who hopped away down off the dresser and under

the wainscot.
羽目板

Scene3

From the tailor's shop in Westgate came a glow of
light; and when Simpkin crept up to peep in at the
光　　　　　　　　　　　　　忍び寄る　　　　　中をのぞく
window it was full of candles. There was a snippeting
はさみで
of scissors, and snappeting of thread; and little mouse
切り取る音　　　　　　　糸がぷつんと切れる音
voices sang loudly and gaily—
陽気に

Scene4　CD1 12

"Mew! Mew!" interrupted Simpkin, and he scratched at the door.

But the key was under the tailor's pillow; he could not get in.

The little mice only laughed, and tried another tune—

"Three little mice sat down to spin,

Pussy passed by and she peeped in.

What are you at, my fine little men?

Making coats for gentlemen.

Shall I come in and cut off your threads?

Oh, no, Miss Pussy, you'd bite off our heads!"

Scene5 CD1 13

"Mew! scratch! scratch!" scuffled Simpkin on the window-sill; while the little mice inside sprang to their feet, and all began to shout at once in little twittering voices— "No more twist! No more twist!" And they barred up the window shutters and shut out Simpkin.

But still through the nicks in the shutters he could hear the click of thimbles, and little mouse voices singing—

"No more twist! No more twist!"

Scene6　CD1 14

"Alack, I am worn to a ravelling," said the Tailor of
　　ああ　　　　　　　ぼろぼろに疲れ果てている
Gloucester, "but I have my twist!"
　　　　　　　　　　　　　　　　より糸
　The sun was shining on the snow when the tailor

got up and dressed, and came out into the street with
　起きる　　　服を着る
Simpkin running before him.

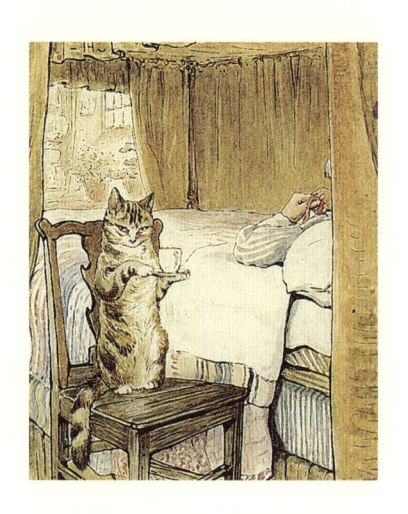

Scene7

"Alack," said the tailor, "I have my twist; but no more strength—nor time—than will serve to make me one single button-hole; for this is Christmas Day in the Morning! The Mayor of Gloucester shall be married by noon—and where is his cherry-coloured coat?"

He unlocked the door of the little shop in Westgate Street, and Simpkin ran in, like a cat that expects something.

But there was no one there! Not even one little brown mouse!

The boards were swept and clean; the little ends of thread and the little silk snippets were all tidied away, and gone from off the floor.

But upon the table—oh joy! the tailor gave a shout—there, where he had left plain cuttings of silk—there lay the most beautifullest coat and embroidered satin waistcoat that ever were worn by a Mayor of Gloucester!

There were roses and pansies upon the facings of the coat; and the waistcoat was worked with poppies and corn-flowers.

Everything was finished except just one single

cherry-coloured button-hole, and where that button-hole was wanting there was pinned a scrap of paper with these words—in little teeny weeny writing—

NO MORE TWIST

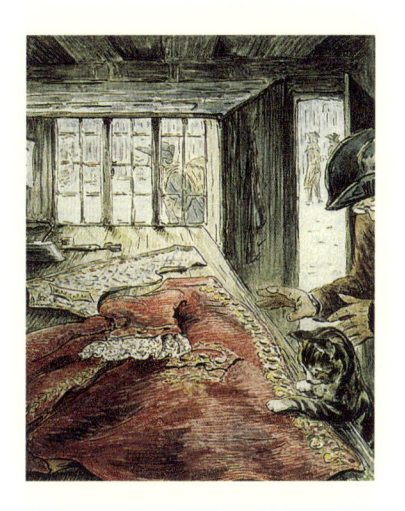

4 星の王子さま

子どもの心を失ってしまった大人のための、児童文学の傑作

原題	Le Petit Prince
著者	Antoine de Saint-Exupéry
訳者	Richard Howard
発表	1943年

あらすじ：砂漠に不時着した飛行士「ぼく」のまえに、不思議な少年が現れる。話をするうちに、少年がある小さな惑星からやってきた王子であることが判明する。自分の星を飛び出し、いろいろな星をめぐり、旅の最後に地球にたどり着いたという王子は、それまでの出来事を「ぼく」に語り始める。

小さな惑星からやってきた不思議な少年

『星の王子さま』（英題 The Little Prince）は、フランス人の作家にして飛行士でもあるサンテグジュペリ（Saint-Exupéry）の代表作です。本書は、「クリスマス用に子どもの本を」という出版社の意向を受けて、児童文学として書かれました。そのため挿し絵も多く、文章も平易ですが、内容は子どもの心を失ってしまった大人に向けての示唆に富んだものになっています。

飛行士の「ぼく」は、飛行機が故障したためサハラ砂漠の真ん中に不時着します。人間の住む土地から千マイルも離れた砂の上でたったひとり、孤独に最初の晩を過ごした「ぼく」のまえに、金髪の不思議な少年が現れます。少年に「ヒツジの絵を描いて」と頼まれたことをきっかけに二人はいろいろな話をして、お互いの心を通わせ始めます。「ぼく」は少年と話すうちに、彼がある小さな惑星からやってきた王子であることを知ります。

　王子さまが住む星には美しいバラの花がいて、王子さまは心から彼女を愛して大切に世話をしてきました。しかし、バラの花は気取り屋でわがままだったため、ある日ささいなケンカから、王子さまは星を後にして旅に出ます。そうして、いくつもの星をめぐり、さまざまな星の住人と出会いますが、そこにいたのは、権威やうぬぼれといった愚かさが風刺化された大人たちでした。

　Scene1 の場面では、生きることの意味を「数字」というわかりやすいものに置き換えてしまう大人たちの姿が描かれており、作者の大人たちに対する痛烈な批判を読み取ることができます。

キツネがくれた秘密

　旅の最後に七番目の星、地球に降り立った王子さまは、そこで過ごした一年間の出来事を「ぼく」に語ります。

王子さまは、自分の星にある火山よりもずっと高い山に登り、数千本のバラの庭園に足を踏み入れます。それまで、自分の小さな星の火山とバラの花を「特別なもの」だと思っていた王子さまは、実はそれらはありふれた、つまらないものだったと感じて泣きます。

　そのとき一匹のキツネが現れます。 Scene2

　キツネによれば、誰かと「友だちになる」ということは、あるものを他の同じようなものとは違う「特別なもの」だと考えるようになることだと言います。

　「友だちになる」ためには、忍耐強く相手に対して時間をかけることが大切であり、何かを見るにつけそれを思い出すようになることだと言うのです。たとえば、金色に色づく小麦畑を見るたびに、王子さまの美しい金髪を思い出すように。 Scene3

　こうして王子さまとキツネは仲良くなっていきます。しかしやがて、キツネと別れるときがやってきます。

　王子さまはこのときになってはじめて自分とキツネが「友だち」になっていたことに気づきます。別れの悲しさを前に「相手を悲しませるくらいなら、最初から友だちにならなければよかった」と思う王子さまに対して、キツネは「小麦を見て、きみの美しい金髪を思い出せるなら、友だちになったことは決して無駄なこと

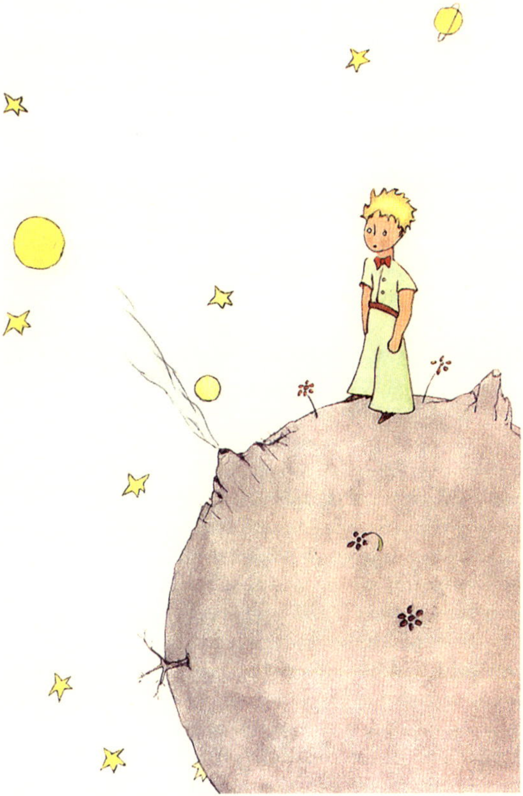

ではなかった」と答えます。 **Scene4**

　それから、もう一度バラの庭園に行くように言います。キツネの言葉にしたがって再びバラの庭園を訪れた王子さまは、ほかにいくらたくさんのバラがあろうとも、自分が一生懸命世話をしたバラが何よりも大切な唯一の花であることに気づくのです。
Scene5

「肝心なことは、目では見えない」

　『星の王子さま』の原書は、フランス語です。ここではそれを英訳したものを紹介していますが、この作品は翻訳しても変わらない「言語を超えた普遍的なこと」を語っています。例えば、**Scene6** では「ものは心で見る。肝心なことは、目では見えない」という有名なキツネの台詞が出てきます。この言葉には、人間の存在そのものに根ざした、人としての本質的なことが語られています。

　『星の王子さま』は言葉を超えた本質的なことは何なのかを考える上で、とても良い作品と言えるのではないでしょうか。そういう意味で王子さまのナイーブな世の中への問いかけは、国や言葉を超えて、人と人とがつながるきっかけになると思います。

The Little Prince

Scene1

Grown-ups like numbers. When you tell them about a new friend, they never ask questions about what really matters. They never ask: "What does his voice sound like?" "What games does he like best?" "Does he collect butterflies?" They ask: "How old is he?" "How many brothers does he have?" "How much does he weigh?" "How much money does his father make?" Only then do they think they know him. If you tell grown-ups, "I saw a beautiful red brick house, with geraniums at the windows and doves on the roof…," they won't be able to imagine such a house. You have to tell them, "I saw a house worth a hundred thousand francs." Then they exclaim, "What a pretty house!"

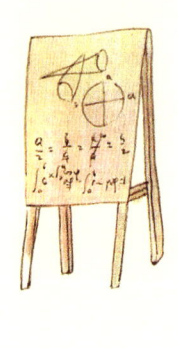

Scene2

It was then that the fox appeared.

"Good morning," said the fox.

"Good morning," the little prince answered politely, though when he turned around he saw nothing.

"I'm here," the voice said, "under the apple tree."

"Who are you?" the little prince asked. "You're very pretty…"

"I'm a fox," the fox said.

"Come and play with me," the little prince proposed. "I'm feeling so sad."

"I can't play with you," the fox said. "I'm not tamed."

"Ah! Excuse me," said the little prince. But upon reflection he added, "What does *tamed* mean?"

"You're not from around here," the fox said. "What are you looking for?"

"I'm looking for people," said the little prince. "What does *tamed* mean?"

"People," said the fox, "have guns and they hunt. It's quite troublesome. And they also raise chickens. That's the only interesting thing about them. Are you looking for chickens?"

"No," said the little prince, "I'm looking for friends. What does *tamed* mean?"

"It's something that's been too often neglected. It means, 'to create ties'…"

"'To create ties'?"

"That's right," the fox said. "For me you're only a little boy just like a hundred thousand other little boys. And I have no need of you. And you have no need of me, either. For you I'm only a fox like a hundred thousand other foxes. But if you tame me, we'll need each other. You'll be the only boy in the world for me. I'll be the only fox in the world for you…"

Scene3

"My life is monotonous. I hunt chickens; people hunt me. All chickens are just alike, and all men are just alike. So I'm rather bored. But if you tame me, my life will be filled with sunshine. I'll know the sound of footsteps that will be different from all the rest. Other footsteps send me back underground. Yours will call me out of my burrow like music. And then, look! You see the wheat fields over there? I don't eat bread. For me wheat is of no use whatever. Wheat fields say nothing to me. Which is sad. But you have hair the color of gold. So it will be wonderful, once you've tamed me! The wheat, which is golden, will remind me of you.

And I'll love the sound of the wind in the wheat…"

The fox fell silent and stared at the little prince for a long while. "Please… tame me!" he said.

"I'd like to," the little prince replied, "but I haven't much time. I have friends to find and so many things to learn."

"The only things you learn are the things you tame," said the fox. "People haven't time to learn anything. They buy things ready-made in stores. But since there are no stores where you can buy friends, people no longer have friends. If you want a friend, tame me!"

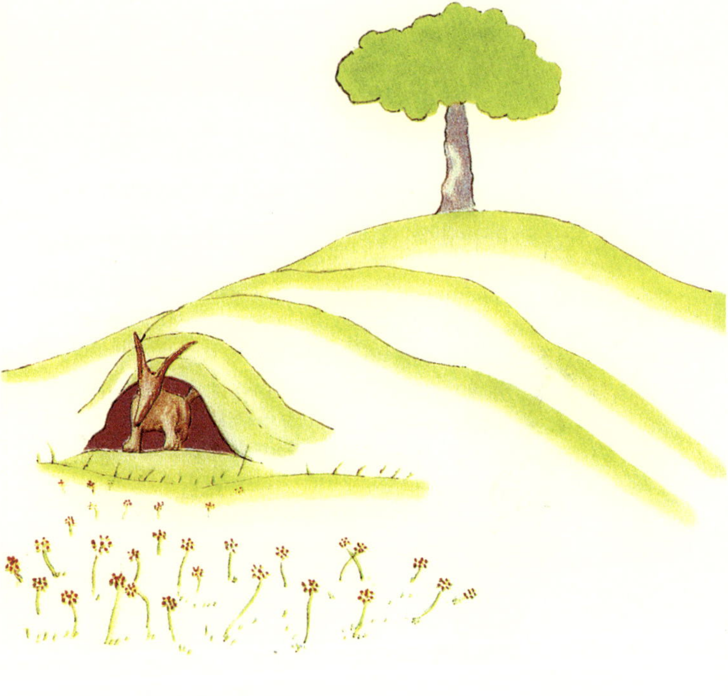

"What do I have to do?" asked the little prince.

"You have to be very patient," the fox answered. "First you'll sit down a little ways away from me, over there, in the grass. I'll watch you out of the corner of my eye, and you won't say anything. Language is the source of misunderstandings. But day by day, you'll be able to sit a little closer…"

The next day the little prince returned.

"It would have been better to return at the same time," the fox said. "For instance, if you come at four in the afternoon, I'll begin to be happy by three. The closer it gets to four, the happier I'll feel. By four I'll be all excited and worried; I'll discover what it costs to be happy! But if you come at any old time, I'll never know when I should prepare my heart… There must be rites."

Scene 4

That was how the little prince tamed the fox. And when the time to leave was near:

"Ah!" the fox said. "I shall weep."

"It's your own fault," the little prince said. "I never wanted to do you any harm, but you insisted that I tame you…"

"Yes, of course," the fox said.

"But you're going to weep!" said the little prince.

"Yes, of course," the fox said.

"Then you get nothing out of it?"

"I get something," the fox said, "because of the color of the wheat."

Scene 5

Then he added, "Go look at the roses again. You'll understand that yours is the only rose in all the world.

Then come back to say good-bye, and I'll make you the gift of a secret."

The little prince went to look at the roses again.

"You're not at all like my rose. You're nothing at all yet," he told them. "No one has tamed you and you haven't tamed anyone. You're the way my fox was. He was just a fox like a hundred thousand others. But I've made him my friend, and now he's the only fox in all the world."

And the roses were humbled.

"You're lovely, but you're empty," he went on. "One couldn't die for you. Of course, an ordinary passerby would think my rose looked just like you. But my rose, all on her own, is more important than all of you together, since she's the one I've watered. Since she's the one I put under glass. Since she's the one I sheltered behind a screen. Since she's the one for whom I killed the caterpillars (except the two or three for butterflies). Since she's the one I listened to when she complained, or when she boasted, or even sometimes when she said nothing at all. Since she's *my* rose."

Scene6

And he went back to the fox.

"Good-bye," he said.

"Good-bye," said the fox. "Here is my secret. It's quite simple: One sees clearly only with the heart. Anything essential is invisible to the eyes."

"Anything essential is invisible to the eyes," the little prince repeated, in order to remember.

"It's the time you spent on your rose that makes your rose so important."

"It's the time I spent on my rose…," the little prince repeated, in order to remember.

"People have forgotten this truth," the fox said. "But you mustn't forget it. You become responsible forever for what you've tamed. You're responsible for your rose…"

"I'm responsible for my rose…," the little prince repeated, in order to remember.

Column

ビートルズの音楽を通して、"野生の"英語を味わう

少年時代の衝撃的な出会い

　僕の至福の瞬間、それはイギリスの田舎道を車で走りながら、愛するビートルズの曲をガンガンにかけて心ゆくまで彼らの世界に浸っている時間です。

　そんな僕のビートルズの楽曲との出会いは、十二歳のとき。ある日偶然、ラジオから流れる彼らの曲が耳に飛び込んできました。それまで全く聴いたことのなかった種類のビートに、僕はむさぼるように聴き入りました。すでにビートルズの音楽は世界中で熱狂的に迎えられた後で、僕が聴いたのは繰り返されるリバイバルの中の一つだったのでしょう。

　しかし今から思えば、その出会い方は"正しかった"のだと思います。ビートルズとは何者か、事前にそうした情報をもって彼らの音楽に対峙するのと、全くの予備知識もない少年時代に偶発的に出会うのとでは、おそらく衝撃の度合いはかなり異なったはずです。

人生にはこのような幸運な出会いがいくつも隠れています。「生きる」とは常に驚きの連続。それを知る前の生活には決して戻れないような、光り輝く新しい世界との出会いです。僕たちは、その瞬間を常に息をひそめて待っているのではないでしょうか。

美しく、無駄を省いた歌詞

　さて、ビートルズの曲で好きな作品を挙げればきりがありません。しかし、あえて一つだけ挙げるとするならば、「In My Life」は、その歌詞からしてとても好きな作品の一つです。

　英語は冗長性を嫌う言語です。持って回ったくどい表現や、単語の繰返しを嫌がります。そこが、きめ細かく状況説明しようとする日本人にとって一番難しいところかもしれません。

　そもそも、"In my life I love you more" などという表現は、more の後に比較する対象がなく、厳密には文法的に正しいとは言えないのかもしれません。でもそこは、空白のテキストから物語を読み取って想像していくのです。

　英語の省略の仕方や、余韻の持たせ方を勉強するには、ビートルズの歌詞は最高のテキストです。美しく、それでいて無駄が一切省かれた彼らの詞の世界は、英語を"体感する"のにふさわしいのではないでしょうか。

5 不思議の国のアリス

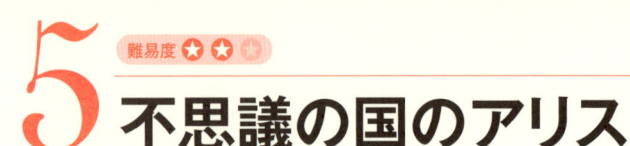

数学者によって書かれた、
大人も魅了する奇妙で不思議な冒険物語

原題	Alice's Adventures in Wonderland
著者	Lewis Carroll
発表	1865年

あらすじ：ある夏の昼下がり、お姉さんと川べりに座っていたアリスの前を、懐中時計を持った白ウサギが「たいへんだ、遅刻してしまう」と駆け抜けていく。白ウサギを追いかけて穴の中に飛び込んだアリスは、パラドックスと非現実の入り混じった不思議な世界に迷い込み、ユニークな住人たちや数々のナンセンスな出来事に遭遇する。

読むたびに新しい発見がある作品

　イギリスの数学者、チャールズ・ドジソン（Charles Dodgson）がルイス・キャロルの筆名で発表した児童文学の傑作です。オックスフォード大学で数学の講師をしていたキャロルは、学長の娘たちとボート・ピクニックに出かけ、当時10歳だった次女のアリス・リデルにせがまれて彼女を主人公にしたお話を即興で作りました。話をとても気に入ったアリスに頼まれ、キャロルは自ら描

いた挿絵をつけて本にし、プレゼントしたそうです。その後、文章を加筆し、風刺画家のジョン・テニエルの挿絵をつけて出版されました。

『不思議の国のアリス』は出版されると瞬く間に人気となり、大人たちをも魅了してやまない物語となったのです。人気の秘密は、個性溢れる登場人物と、巧みな言葉遊び、独特の哲学が幾重にも交差し、読むたびに新たな発見があることではないでしょうか。

「私を飲みなさい」

　主人公のアリスは7歳の女の子です。ある夏の昼下がり、本を読んでいるお姉さんと一緒に川べりに座っていたアリスですが、すっかり退屈してしまいます。そこにチョッキを着て懐中時計を手にした奇妙な白ウサギが現れ、慌てた様子で走り去っていきました。好奇心にかられたアリスは、ウサギのあとを追ってウサギ穴に飛び込みます。ここからアリスの冒険が始まります。 **Scene1**

　長い穴を落ちて底にたどり着くと、そこは細長くて天井の低い広間でした。その部屋には鍵が載ったガラスのテーブルがあり、壁にはとても小さな扉があります。鍵で扉を開くと、その向こうには美しい花壇や噴水のある庭園が広がっていました。アリスは、なんとしてもその庭園に行ってみたいと思うのですが、扉が小さす

ぎて入ることができません。もう一度テーブルを見ると、今度は「私を飲みなさい」というラベルのついている小さな瓶がありました。 Scene2

　それを飲むとアリスの体はどんどん小さくなっていきましたが、扉は閉めてしまったし、鍵はテーブルの上に置いたままです。小さくなったアリスはテーブルに手が届きません。今度はテーブルの下にお菓子を発見します。 Scene3

そのままの大きさでいたのもつかの間、今度は体がどんどん大きくなって、扉の中に入れなくなり、とうとうアリスは泣き出してしまいます。アリスはこの後も、色々なものを飲んだり食べたり、触ったりすることで何度も大きくなったり、小さくなったりします。

チェシャ猫との哲学的な会話
　その後アリスは、ネズミの身の上話を聞かされたり、おかしなことばかりしゃべりまくる帽子屋と三月ウサギが開くお茶会に参加したり、やたらと首をちょん切れと言うハートの女王とクロッケーの試合をしたりと、さまざまな出来事に遭遇します。みなそれぞれナンセンスで勝手なことばかり言って、アリスは面食らったり、あきれたり、腹を立てたりしますが、次第に彼女の目はいきいきと輝いていきます。

　Scene4 では、チェシャ猫が登場します。この物語には、キャロルの非凡な創造力によって生まれたユニークなキャラクターが多数登場しますが、中でもとりわけミステリアスなのは、このチェシャ猫ではないでしょうか。長い爪とたくさんの歯、ニヤニヤ笑う三日月形の大きな口。どこからともなく突然現れ、体を少しずつ消しながら、最後はニンマリ笑った口だけが残る。アリス

との哲学的な会話も魅力的です。 Scene5

「海のなかの学校」の授業

　使われている英語は比較的やさしいものですが、中には英語独特の言葉遊びがいくつも散りばめられています。そのため、日本語に翻訳することが難しく、日本語訳だけ読んでもこの物語の面白さを十分に味わうことはできないでしょう。

　例えば、 Scene6 で海亀フー（頭がブタで身体は亀の生き物）とグリフォン（鷲の上半身とライオンの下半身を持つ、伝説上の生き物）が「海のなかの学校」で習った学科について説明する場面は、発音の似ている英単語に置き換える「言葉遊び」が随所に盛り込まれ、翻訳者泣かせの文章として知られています。

　例えば、Reeling and Writhingは、這い方と悶え方という意味ですが、これは、Reading（読み方）とWriting（書き方）をもじったものです。他にもAmbition, Distraction, Uglification, and Derision.（野心、動揺、醜怪、愚弄）は、Addition（足し算）、Subtraction（引き算）、Multiplication（掛け算）、Division（割り算）から、Mystery（謎）はHistory（歴史）から、Seaography（海洋学）はGeography（地理）、Drawling（話術）はDrawing（絵画）、Stretching（体の伸ばし方）はSketching（写生）、Fainting in Coils

（とぐろを巻いて気絶するやり方）はPainting in Oils（油彩）をそれぞれもじっています。

原書で読む面白さ

　言葉遊びの例をもう一つ紹介しておきましょう。海亀フーとグリフォンがアリスに学校での学習時間を教えるシーンです。

Scene7

　「海のなかの学校」では、初日は授業が10時間ありますが、二日目以降は9時間、8時間、7時間といった具合に減っていきます。これは、授業という意味の「lessons」と減らすという意味の「lessen」をかけており、この二つの単語は発音が同じです。

　こうした言葉遊びは日本語に翻訳できません。ですから、アリスは原書で読んだ方が断然面白いのです。

　僕がこの作品の中でとくに好きなのは、三月ウサギと帽子屋が開くお茶会のシーンです。このお茶会には終わりがないため、カップを洗っている暇がありません。そこで、大きなテーブルにカップとソーサーがたくさん並べてあり、カップを使い終わったら隣の席に移動していきます。「でも最初の場所に戻ってきたらどうなるの？」と、アリスが聞くと、「そろそろ話題を変えよう。もうあきてきたよ」と切り返されてしまいます。

このナンセンスな感覚こそが、ルイス・キャロルの数学者としての遊び心であり、それは数学者の独善的なものではなくて、誰でも楽しめるものなのです。

最高の教養が詰まった児童文学

　ルイス・キャロルはもともと数学者であり、職業作家というわけではありませんでしたが、数学関係の論文と並行して『不思議の国のアリス』のような完璧な児童文学を発表しています。

　ヨーロッパの知識人というのは、あらゆる教養を身につけていて「自分は数学の専門家だから、数学のことしかやらない」という感覚はありません。『星の王子さま』や『指輪物語』の作者についても同じことが言えます。ヨーロッパには、最高に知性ある大人が、子どものための物語を真剣に創作するという伝統があります。そのため、子ども向けであってもそこには最高の教養が詰まっているのです。

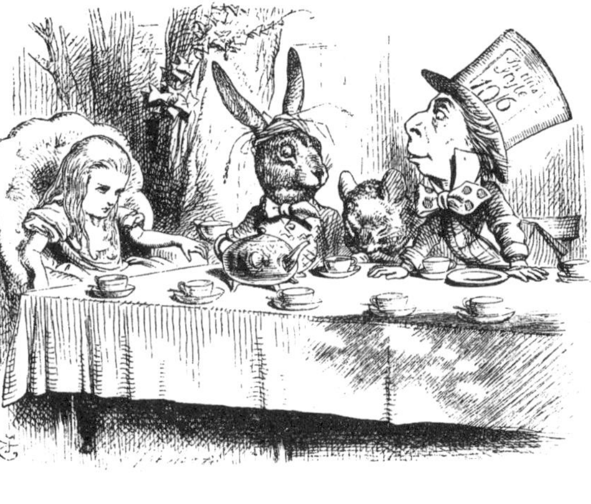

Alice's Adventures in Wonderland
不思議の国のアリス

Scene1

Alice was beginning to get very tired of sitting by her sister on the bank, and of having nothing to do: once or twice she had peeped into the book her sister was reading, but it had no pictures or conversations in it, "and what is the use of a book," thought Alice, "without pictures or conversations?"

So she was considering, in her own mind (as well as she could, for the hot day made her feel very sleepy and stupid), whether the pleasure of making a daisy-chain would be worth the trouble of getting up and picking the daisies, when suddenly a White Rabbit with pink eyes ran close by her.

There was nothing so *very* remarkable in that; nor did Alice think it so *very* much out of the way to hear the Rabbit say to itself "Oh dear! Oh dear! I shall be too late!" (when she thought it over afterwards, it occurred to her that she ought to have wondered at this, but at the time it all seemed quite natural); but, when the Rabbit actually *took a watch out of its waistcoat-pocket*, and looked at it, and then hurried on, Alice started to her feet, for it flashed across her mind that she had never before seen a rabbit with either a waistcoat-pocket, or a watch to take out of it, and, burning with curiosity, she ran across the field after it, and was just in time to see it pop down a large rabbit-hole under the hedge.

In another moment down went Alice after it, never once considering how in the world she was to get out again.

Scene 2

It was all very well to say "Drink me," but the wise little Alice was not going to do *that* in a hurry. "No, I'll look first," she said, "and see whether it's marked '*poison*' or not"; for she had read several nice little stories about children who had got burnt, and eaten up by wild beasts, and other unpleasant things, all because they *would* not remember the simple rules their friends had taught them: such as, that a red-hot poker will burn you if you hold it too long; and that, if you cut your finger *very* deeply with a knife, it usually bleeds; and she had never forgotten that, if you drink much from a bottle marked "poison," it is almost certain to disagree with you, sooner or later.

However, this bottle was *not* marked "poison," so Alice ventured to taste it, and, finding it very nice (it had, in fact, a sort of mixed flavour of cherrytart, custard, pineapple, roast turkey, toffee, and hot buttered toast), she very soon finished it off.

Scene3

Soon her eye fell on a little glass box that was lying under the table: she opened it, and found in it a very small cake, on which the words "EAT ME" were beautifully marked in currants. "Well, I'll eat it," said Alice, "and if it makes me grow larger, I can reach the key; and if it makes me grow smaller, I can creep under the door: so either way I'll get into the garden, and I don't care which happens!"

She ate a little bit, and said anxiously to herself "Which way? Which way?", holding her hand on the top of her head to feel which way it was growing; and she was quite surprised to find that she remained the same size. To be sure, this is what generally happens when one eats cake; but Alice had got so much into the way of expecting nothing but out-of-the-way things to happen, that it seemed quite dull and stupid for life to go on in the common way.

So she set to work, and very soon finished off the cake.

Scene 4

The Cat only grinned when it saw Alice. It looked good-natured, she thought: still it had *very* long claws and a great many teeth, so she felt that it ought to be treated with respect.

"Cheshire Puss," she began, rather timidly, as she did not at all know whether it would like the name: however, it only grinned a little wider. "Come, it's pleased so far," thought Alice, and she went on. "Would you tell me, please, which way I ought to go from here?"

"That depends a good deal on where you want to get to," said the Cat.

"I don't much care where—" said Alice.

"Then it doesn't matter which way you go," said the Cat.

"—so long as I get *somewhere*," Alice added as an explanation.

"Oh, you're sure to do that," said the Cat, "if only you walk long enough."

Scene5 CD1 26

"I said 'pig'," replied Alice; "and I wish you wouldn't keep appearing and vanishing so suddenly: you make one quite giddy!"

"All right," said the Cat; and this time it vanished quite slowly, beginning with the end of the tail, and ending with the grin, which remained some time after the rest of it had gone.

"Well! I've often seen a cat without a grin," thought Alice; "but a grin without a cat! It's the most curious thing I ever saw in all my life!"

Scene 6

"Reeling and Writhing, of course, to begin with," the Mock Turtle replied; "and then the different branches of Arithmetic—Ambition, Distraction, Uglification, and Derision."

"I never heard of 'Uglification,' " Alice ventured to say. "What is it?"

The Gryphon lifted up both its paws in surprise. "Never heard of Uglifying!" it exclaimed. "You know what to beautify is, I suppose?"

"Yes," said Alice doubtfully: "it means—to—make—anything—prettier."

"Well, then," the Gryphon went on, "if you don't know what to uglify is, you, *are* a simpleton."

Alice did not feel encouraged to ask any more questions about it: so she turned to the Mock Turtle, and said "what else had you to learn?"

"Well, there was Mystery," the Mock Turtle replied, counting off the subjects on his flappers,—"Mystery, ancient and modern, with Seaography: then Drawling—the Drawling-master was an old conger-eel, that used to come once a week: *he* taught us Drawling, Streching, and Fainting in Coils."

Scene7

"And how many hours a day did you do lessons?" said Alice, in a hurry to change the subject.

"Ten hours the first day," said the Mock Turtle: "nine the next, and so on."

"What a curious plan!" exclaimed Alice.

"That's the reason they're called lessons," the Gryphon remarked: "because they lessen from day to day."

Alice's Adventures in Wonderland

6 赤毛のアン

難易度 ★★★

英語に目覚めるきっかけとなった、僕にとって永遠に特別な作品

> 原題 Anne of Green Gables
> 著者 Lucy Maud Montgomery
> 発表 1908年
>
> あらすじ：孤児のアンは手違いからマシュウとマリラの老兄妹が住むグリーン・ゲイブルズに引き取られる。初めは戸惑っていた兄妹も、次第にこの感受性豊かで空想好きな少女を愛するようになる。美しいプリンス・エドワード島の自然の中で、アンはいろいろな事件を巻き起こしながら少女から女性へと成長していく。

高校生のときに魅了されて、英語の世界に

　カナダの作家、ルーシー・モンゴメリ（Lucy Montgomery）の小説『赤毛のアン』の原題は、『グリーン・ゲイブルズのアン』（Anne of Green Gables）です。グリーン・ゲイブルズとは「緑の切り妻屋根」という意味で、主人公のアン・シャーリーが住むことになる家の名前です。

　孤児で身寄りのない少女アンを引き取り、温かく育てていくマ

シュウとマリラの老兄妹。プリンス・エドワード島の美しい自然を舞台に彼らが繰り広げる物語は、出版から約100年たった現在も、世界中の読者の心を魅了しています。

　僕がこの作品に出会ったのは小学校五年生の頃、学校の図書館でのことでした。あっという間に物語の世界に引き込まれ、村岡花子さんの翻訳でシリーズ全てを読んだ後は、高校生のときに英語の原書で全巻を読破しました。

　カナダの観光局からプリンス・エドワード島の地図を取り寄せては、その世界にいる自分の姿を夢想したり、ファンクラブに入ったり。プリンス・エドワード島にも実際に二度ほど旅行しました。僕にとっては永遠に特別な作品です。

おしゃべりで空想好きな少女

　この物語の最大の魅力は、登場人物たちの「生き方」にあります。当初、畑仕事を手伝わせるために「男の子が欲しい」と希望していたマシュウとマリラでしたが、手違いで女の子が来てしまいます。

　Scene1 のシーンは、駅に迎えに行ったマシュウが初めてアンに会う場面です。内気で他人と口をきかなくてはならないところへはいっさい顔を出そうとしないマシュウに向かって、そばか

すだらけの少女は話しかけます。 Scene2

　赤毛でやせっぽちのこの少女はお喋りで空想好きで感激しやすく、厳格なマリラはほとほと手を焼いてしまいます。しかし、アンの心の純粋さに触れるにつれ、かたくなだったマリラの心は徐々に和らいでいき、アンのことを実の娘のように感じるようになっていくのでした。

　最初は手違いから始まった出会いでしたが、アンを育てることが自分たちの運命であると悟り、いさぎよくそれを受け入れることを決心するマシュウとマリラ。ここには、『赤毛のアン』という作品全体を貫く一つの生命観、人生観が表れています。

運命の人、ギルバートとの最悪の出会い

　アンは自分の外見に強いコンプレックスを抱いていました。実際にはそれが彼女のチャームポイントでもあったのですが、本人にとっては、それがために「ロマンチックになれない」と嘆く致命的な欠点。それが、髪の毛が赤いということでした。

　やがて学校に通うようになったアンは、後に結婚することになる運命の人、ギルバート・ブライスと出会います。しかし、その出会い方は最悪のものでした。ハンサムでいたずら好きなギルバートは、初対面のアンの髪の毛を引っ張り「ニンジン！」とささや

いたのです。 Scene3

　かっとなったアンはギルバートの頭上に石版を振り下ろし、罰としてその日の授業が終わるまで教壇に立たされます。ギルバートは謝罪しようとしますが、はげしく怒っていたアンは、それ以来ギルバートと一切口をきかなくなります。親友のダイアナに対してさえ、決してギルバートの名前を口にしようとしないのでした。 Scene4

大人になってわかる新たな魅力

　この小説は、アンが11歳から16歳までの5年間を描いています。思ったことは何でも言葉にしていた天真爛漫な少女は、次第に胸に想いを秘めた女性へと成長していきます。

　物語はハッピー・エンドで終わりますが、その背景にはモンゴメリの深い思い──「運命を受け入れる」という思想が込められています。

　原書が出版されてから百周年を迎えたのを機に2008年に改めて読み返しましたが、子供の頃には読みとれなかった新たな魅力に気づくことができました。『赤毛のアン』には、まだまだ多くの魅力があります。これを機会にぜひ原著で読まれることをおすすめします。

Anne of Green Gables

赤毛のアン

Scene 1

A child of about eleven, garbed in a very short, very tight, very ugly dress of yellowish gray wincey. She wore a faded brown sailor hat and beneath the hat, extending down her back, were two braids of very thick, decidedly red hair. Her face was small, white and thin, also much freckled; her mouth was large and so were her eyes, that looked green in some lights and moods and gray in others.

So far, the ordinary observer; an extraordinary observer might have seen that the chin was very pointed and pronounced; that the big eyes were full of spirit and vivacity; that the mouth was sweet-lipped and expressive; that the forehead was broad and full; in short, our discerning extraordinary observer might have concluded that no commonplace soul inhabited the body of this stray woman-child of whom shy Matthew Cuthbert was so ludicrously afraid.

Scene2 CD1 30

Matthew, however, was spared the ordeal of speaking first, for as soon as she concluded that he was coming to her she stood up, grasping with one thin brown hand the handle of a shabby, old-fashioned carpet-bag; the other she held out to him.

"I suppose you are Mr. Matthew Cuthbert of Green Gables?" she said in a peculiarly clear, sweet voice. "I'm very glad to see you. I was beginning to be afraid you weren't coming for me and I was imagining all the things that might have happened to prevent you. I had made up my mind that if you didn't come for me tonight I'd go down the track to that big wild cherry tree at the bend, and climb up into it to stay all night. I wouldn't be a bit afraid, and it would be lovely to sleep in a wild cherry tree all white with bloom in the moonshine, don't you think? You could imagine you were dwelling in marble halls, couldn't you? And I was quite sure you would come for me in the morning, if you didn't tonight."

Scene 3

Gilbert Blythe wasn't used to putting himself out to make a girl look at him and meeting with failure. She *should* look at him, that redhaired Shirley girl with the little pointed chin and the big eyes that weren't like the eyes of any other girl in Avonlea school.

Gilbert reached across the aisle, picked up the end of Anne's long red braid, held it out at arm's length and said in a piercing whisper, "Carrots! Carrots!"

Then Anne looked at him with a vengeance!

She did more than look. She sprang to her feet, her bright fancies fallen into cureless ruin. She flashed one indignant glance at Gilbert from eyes whose angry sparkle was swiftly quenched in equally angry tears.

"You mean, hateful boy!" she exclaimed passionately. "How dare you!"

And then—Thwack! Anne had brought her slate down on Gilbert's head and cracked it—slate, not head—clear across.

Avonlea school always enjoyed a scene. This was an especially enjoyable one. Everybody said, "Oh" in horrified delight. Diana gasped. Ruby Gillis, who was inclined to be hysterical, began to cry. Tommy Sloane let his team of crickets escape him altogether while he stared openmouthed at the tableau.

Anne of Green Gables | 107

Mr. Phillips stalked down the aisle and laid his hand heavily on Anne's shoulder.

"Anne Shirley, what does this mean?" he said angrily.

Anne returned no answer. It was asking too much of flesh and blood to expect her to tell before the whole school that she had been called "carrots." Gilbert it was who spoke up stoutly.

"It was my fault, Mr. Phillips. I teased her."

Mr. Phillips paid no heed to Gilbert.

"I am sorry to see a pupil of mine displaying such a temper and such a vindictive spirit," he said in a solemn tone, as if the mere fact of being a pupil of his ought to root out all evil passions from the hearts of small imperfect mortals. "Anne, go and stand on the platform in front of the blackboard for the rest of the afternoon."

Scene 4

When school was dismissed Anne marched out with her red head held high. Gilbert Blythe tried to intercept her at the porch door.

"I'm awfully sorry I made fun of your hair, Anne," he whispered contritely. "Honest I am. Don't be mad for keeps, now."

Anne swept by disdainfully, without look or sign of hearing. "Oh, how could you, Anne?" breathed Diana as they went down the road, half reproachfully, half admiringly. Diana felt that *she* could never have resisted Gilbert's plea.

"I shall never forgive Gilbert Blythe," said Anne firmly. "And Mr. Phillips spelled my name without an *e*, too. The iron has entered into my soul, Diana."

LE PETIT PRINCE
Excerpts from THE LITTLE PRINCE by Antoine de Saint-Exupéry,
copyright 1943 by Harcourt Inc. and renewed 1971 by Consuelo de Saint-Exupéry,
English translation copyright©2000 by Richard Howard, reproduced by permission of
Houghton Mifflin Harcourt Publishing Company through Tuttle-Mori Agency, Inc. Tokyo.
This material may not be reproduced in any form or by any means without the prior
written permission of the publisher.

Profile

茂木健一郎（もぎけんいちろう）

脳科学者。ソニーコンピュータサイエンス研究所シニアリサーチャー、慶應義塾大学大学院システムデザイン・マネジメント研究科特別研究教授。1962年、東京生まれ。東京大学理学部、法学部卒業後、東京大学大学院理学系研究科物理学専攻課程修了。理学博士。理化学研究所、ケンブリッジ大学を経て現職。専門は脳科学、認知科学。「クオリア」（感覚の持つ質感）をキーワードとして脳と心の関係を研究するとともに、文芸評論、美術評論にも取り組んでいる。2005年、『脳と仮想』（新潮社）で、第4回小林秀雄賞を受賞。2009年、『今、ここからすべての場所へ』（筑摩書房）で第12回桑原武夫学芸賞を受賞。「CNN English Express」（毎月6日発売、小社刊）にて「茂木健一郎の壁を超える！英語勉強法」好評連載中。

Staff

デザイン	大下賢一郎
DTP	メディアアート
写真	牧野明神
ルビ訳校閲	Evelyn Corbett
編集協力	石井綾子、三浦愛美、河野美香子、野澤真一
CD朗読	Chris Koprowski、Helen Morrison
CD録音・編集	ELEC（財団法人英語教育協議会）
編集	仁藤輝夫、谷岡美佐子、髙野夏奈

モギケンの英語シャワーBOX 実践版
STEP1

2010年11月15日　初版第1刷発行
2013年 5 月 1 日　初版第7刷発行

著者	茂木健一郎
発行者	原　雅久
発行所	株式会社 朝日出版社
	〒101-0065　東京都千代田区西神田3-3-5
	電話　03-3263-3321（代表）
	http://www.asahipress.com
印刷・製本	図書印刷株式会社

ISBN978-4-255-00554-6
乱丁・落丁本はお取り替えいたします。
無断で複写複製することは著作権の侵害になります。
定価は外箱に表示してあります。

©Kenichiro Mogi 2010
Printed in Japan